BEI GRIN MACHT SICH IHR WISSEN BEZAHLT

- Wir veröffentlichen Ihre Hausarbeit, Bachelor- und Masterarbeit

- Ihr eigenes eBook und Buch - weltweit in allen wichtigen Shops

- Verdienen Sie an jedem Verkauf

Jetzt bei www.GRIN.com hochladen und kostenlos publizieren

Bibliografische Information der Deutschen Nationalbibliothek:

Die Deutsche Bibliothek verzeichnet diese Publikation in der Deutschen Nationalbibliografie; detaillierte bibliografische Daten sind im Internet über http://dnb.d-nb.de/ abrufbar.

Dieses Werk sowie alle darin enthaltenen einzelnen Beiträge und Abbildungen sind urheberrechtlich geschützt. Jede Verwertung, die nicht ausdrücklich vom Urheberrechtsschutz zugelassen ist, bedarf der vorherigen Zustimmung des Verlages. Das gilt insbesondere für Vervielfältigungen, Bearbeitungen, Übersetzungen, Mikroverfilmungen, Auswertungen durch Datenbanken und für die Einspeicherung und Verarbeitung in elektronische Systeme. Alle Rechte, auch die des auszugsweisen Nachdrucks, der fotomechanischen Wiedergabe (einschließlich Mikrokopie) sowie der Auswertung durch Datenbanken oder ähnliche Einrichtungen, vorbehalten.

Impressum:

Copyright © 2012 GRIN Verlag, Open Publishing GmbH
Druck und Bindung: Books on Demand GmbH, Norderstedt Germany
ISBN: 9783668435308

Dieses Buch bei GRIN:

https://www.grin.com/document/359344

Andreas-Michael Blum

Psychologie in der Mediation. Psychologische Mediationskonzepte und Konfliktlösungen

GRIN Verlag

GRIN - Your knowledge has value

Der GRIN Verlag publiziert seit 1998 wissenschaftliche Arbeiten von Studenten, Hochschullehrern und anderen Akademikern als eBook und gedrucktes Buch. Die Verlagswebsite www.grin.com ist die ideale Plattform zur Veröffentlichung von Hausarbeiten, Abschlussarbeiten, wissenschaftlichen Aufsätzen, Dissertationen und Fachbüchern.

Besuchen Sie uns im Internet:

http://www.grin.com/

http://www.facebook.com/grincom

http://www.twitter.com/grin_com

Dr. Andreas-Michael Blum, LL.M.

Psychologie in der Mediation

Einsendearbeit im Rahmen der Weiterbildung zum Mediator

Hochschule Wismar – University of Applied Sciences

Technology, Business and Design

Inhaltsverzeichnis

Schildern Sie die Besonderheiten der psychologischen Mediationskonzepte 3

Was unterscheidet soziale Konflikte von anderen Problemsituationen? 3

Schreiben Sie je 2 Beispiele für heiße und kalte Konflikte auf................................... 3

Beschreiben Sie ein Beispiel für die Eskalation von Konflikten. 4

Welche Konflikthandhabungsstile kennen Sie und geben Sie Bedingungen für deren Anwendungen an. 8

Erinnere Dich an ein Ereignis / eine Begebenheit in der letzten Zeit, das / die Dir ein angenehmes Gefühl gemacht hat. Beschreibe möglichst genau, was passiert ist, ohne Bewertungen, Interpretationen oder Analysen. Welches Gefühl genau hat dieses Ereignis ausgelöst, diese Begebenheit in Dir ausgelöst? Und warum, welches Bedürfnis, ist erfüllt worden? Worum möchtest Du gern bitten?... 9

Erinnere Dich an ein Ereignis / eine Begebenheit in der letzten Zeit, das / die Dir ein unangenehmes Gefühl gemacht hat. Beschreibe möglichst genau, was passiert ist, ohne Bewertungen, Interpretationen oder Analysen. Welches Gefühl genau hat dieses Ereignis ausgelöst, diese Begebenheit in Dir ausgelöst? Und warum, welches Bedürfnis, ist unerfüllt geblieben? Worum möchtest Du gern bitten? 10

Schildern Sie die Besonderheiten der psychologischen Mediationskonzepte

Die Besonderheiten der psychologischen Mediationskonzepte bestehen darin, dass die Beteiligten bei der Suche nach tragfähigen, über den behandelten Einzelfall hinausgehenden Lösungsoptionen (Win-Win-Situationen) lernen, in der Konfliktbearbeitung ihre Beziehung mit Blick auf die Vergangenheit als Chance für eine Neuentwicklung zu begreifen und der Behandlung ihrer Gefühle den Vorrang einzuräumen. Dadurch erleben die Konfliktparteien nicht nur einen Mehrwert an gegenseitigem Zuwachs ihrer Überzeugungen, Sichtweisen, Erfahrungen, Strategien und Ich-Konzepte, sondern lernen gemeinsam zielführend zu kommunizieren, Anerkennung und Verständnis für ihre wechselseitigen Probleme zu finden, zu gewinnen und zu formulieren[1].

Was unterscheidet soziale Konflikte von anderen Problemsituationen?

Soziale Konflikte unterscheiden sich von anderen Problemsituationen (z.b. Wettbewerb im Sport, Konkurrenz der Politiker um Wählerstimmen, Konkurrenz um Arbeitsplätze, knappe Ressourcen etc.) dadurch, dass sie über das Vorliegen bloßer Unvereinbarkeiten in den Wünschen, Meinungen oder Überzeugungen hinaus zu einer Regelverletzung führen (z.B. Diebstahl, Lügen), bei der ein Beteiligter einen subjektiven Anspruch auf Richtigkeit, Wahrheit oder Ausschließlichkeit seiner Interessen erhebt und dies als Interessengegensatz subjektiv wahrgenommen wird[2].

Schreiben Sie je 2 Beispiele für heiße und kalte Konflikte auf.

Ein Beispiel für einen heißen Konflikt am Arbeitsplatz ist, wenn Betriebs- bzw. Personalrat mit den Arbeitgebervertretern über das Für und Wider der Einführung von Kurzarbeit in einem Betrieb heftig miteinander verhandeln und jede Seite versucht, die andere von den besseren Argumenten, Vorteilen etc. zu überzeugen.

Ein Beispiel für einen heißen Konflikt im privaten Bereich ist, wenn die Eltern im Rahmen einer Scheidung offen und vehement über das Sorge- und Umgangsrecht ihrer Kinder streiten.

---

[1] *Bloch*, Skript Modul II, Entstehung u. Ablauf von Konflikten, Aufl. 1/2012, S. 7.

[2] *Bloch*, Skript Modul II, Entstehung u. Ablauf von Konflikten, Aufl. 1/2012, S. 11.

Beispiel für einen kalten Konflikt am Arbeitsplatz ist, wenn Mitarbeiter in einer Abteilung ständig schlecht über die Arbeitsqualität einer Kollegin bzw. eines Kollegen reden, ihn bei den gemeinsamen Besprechungen nicht mehr einbeziehen und nicht einmal mehr mit ihm auf der Arbeits- und / oder persönlichen Ebene reden in deren Folge sich der betroffene Arbeitnehmer zurückzieht.

Beispiel für einen kalten Konflikt im privaten Bereich: Die Ehefrau erfährt plötzlich von ihrem Arzt, dass sie keine Kinder bekommen kann und legt die Kinderlosigkeit ihrem Partner gegenüber nicht offen. Der zuvor mit ihrem Ehemann beschlossene Lebensplan, sich ein Ehe- und Familienleben gemeinsam mit Kindern zu erfüllen, platzt. Desillusionierung, Frustration und tiefe Enttäuschung machen sich bei der Ehefrau breit.

Beschreiben Sie ein Beispiel für die Eskalation von Konflikten.

A und B sind zu gleichen Teilen (je 50% Anteil) Gesellschafter der A&B GbR, einer Gesellschaft bürgerlichen Rechts. Auf der anstehenden Gesellschafterversammlung Ende Dezember 2012 soll ein Beschluss über die Verwendung des erwirtschafteten Bilanzgewinns der Gesellschaft für 2012 in Höhe von 10.000 EUR durch die Gesellschafter gefasst werden. Eine gesellschaftsvertragliche Regelung über die Verteilung des Bilanzgewinns fehlt. A vertritt in einem Gespräch mit B am 18.12.2012 den Standpunkt, dass der Bilanzgewinn der GbR zu je 50% auf beide Gesellschafter gleichmäßig verteilt werden soll. B hingegen steht auf dem Standpunkt, dass der Bilanzgewinn der Gesellschaft mit 7.000 EUR auf B und mit 3.000 EUR auf A entfallen soll. A und B sind mit Blick auf die anstehende Gesellschafterversammlung trotz ihrer unterschiedlichen Standpunkte um Kooperation bemüht (*Phase 1: Verhärtung der Standpunkte*).

A und B einigen sich am 20.12.2012 darauf, dass die Gesellschafterversammlung am 30.12.2012 stattfinden und dort auch der Beschluss über die Verwendung des Bilanzgewinns getroffen werden soll. A unterstreicht noch einmal deutlich seinen Standpunkt und beruft sich dabei auf die gesetzliche Regelung, dass die Gewinnverteilung bei Personengesellschaften „im Zweifel" nach Kopfteilen, also jeweils 5.000 EUR für Gesellschafter A und B, zu erfolgen habe. B beharrt auf seinen Standpunkt, da er, B, durch seine aktive Geschäftstätigkeit im Vertrieb und Verkauf maßgeblich zu dem guten Bilanzergebnis der Gesellschaft in 2012 beigetragen habe.

Das müsse sich auch deutlich in der Gewinnverteilung mit einem Gewinnanteil von 7.000 EUR zugunsten des B niederschlagen (*Phase 2: Debatte und Polemik*).

A und B sind in der Folgezeit nur selten gemeinsam im Büro anzutreffen. Während A den Geschäftsführer der Gesellschaft - ohne Wissen des B - insgeheim anweist, B nicht auf die Gesellschafterversammlung am 30.12.2012 einzuladen, ist B insgeheim bemüht, „Fakten" gegen A zu sammeln, indem er den Schreibtisch des A nach Aktennotizen durchforstet, um auf gerichtlichem Weg einen Ausschluss des A auf der bevorstehenden Gesellschafterversammlung zu erzwingen. Beide bemühen sich scheinbar um die Normalität des Alltags im Büro, sind aber mittlerweile dazu übergegangen, das Verhalten des anderen mit Argwohn und Skepsis zu beobachten (*Phase 3: Taten statt Worte bzw. Verschärfung der Kommunikation*).

Am 23.12.2012, 7 Tage vor der Gesellschafterversammlung, gehen sich Gesellschafter A und B aus dem Weg. A hat die Einladung des Geschäftsführers zur Gesellschafterversammlung erhalten. B, der auf die anstehende Gesellschafterversammlung als Gesellschafter nicht eingeladen worden ist, beschwert sich noch am Abend des 23.12.2012 persönlich bei A in seinem Büro über dessen „hinterlistiges" Vorgehen. A sieht sich aufgrund des verbalen Wortgefechts mit B, der in der Nichteinladung einen De-Facto-Entzug seiner Stimmrechte als Gesellschafter sieht, in seinem Verhalten endgültig bestätigt: Die Beleidigungen seiner Person durch B könne er, der A, nicht länger dulden und setzt den B kurz entschlossen vor die Tür. A sieht sich in diesem konsequenten Verhalten in seiner Rolle als „starker und konsequent im Interesse der Gesellschaft handelnder Gesellschafter" bestärkt, telefoniert noch am gleichen Abend mit Geschäftsführer G und instruiert G, keinerlei Anweisungen mehr von B anzunehmen oder umzusetzen. Hierfür stellt A dem Geschäftsführer G für sein gesellschaftstreues Verhalten eine „satte" Gehaltserhöhung für 2013 in Aussicht.

B sieht in dem plötzlichen Rausschmiss aus dem Büro des A unwiderlegbare Tatsachen für ein gerichtliches Vorgehen gegen B geschaffen. B spricht sogleich die Sekretärin S im Büro an, die die verbalen Auseinandersetzungen zwischen A und B nur „am Rande" mitbekommen hat. B versucht sogleich die Sekretärin S auf „seine Seite" zu ziehen und holt sich „Rückendeckung" von ihr, indem er von ihr ein Gedächtnisprotokoll über das Ereignis im Büro anfertigen lässt und ihr eine „satte" Gehaltserhöhung in Aussicht stellt für den Fall, dass S gegen A als Zeugin vor Gericht aussagt (*Phase 4 - Images und Koalition*).

Am 27.12.2012, 3 Tage vor der anstehenden Gesellschafterversammlung, ist jegliche Vertrauensbasis für eine einvernehmliche Beschlussfassung zwischen A und B zerstört. A ist bis zum 30.12.2012 urlaubsbedingt abwesend. In einem Telefonat mit G bezeichnet A den B als „unfähigen" Gesellschafter, von dem nur noch „größerer Schaden" für die Gesellschaft „drohe". B, der seinen Rausschmiss immer noch nicht fassen kann, äußert in einem Telefonat mit der Sekretärin S wachsendes Misstrauen gegen A: A sei mit jedem Tag seiner Anwesenheit im Büro eine „Gefahr für das Wohl und die Mitarbeiter der Gesellschaft", was er nicht länger hinnehmen und tatenlos mit ansehen könne. S möge daher in ihrem eigenen Interesse keine Sekretariatsaufgaben mehr für A erledigen und sich künftig von A so weit wie möglich fern halten (*Phase 5: Gesichtsverlust*).

A, mittlerweile aus seinem Urlaub zurückgekehrt, findet am 28.12.2012 in seinem Briefkasten zuhause den gerichtlich angeordneten Ausschluss aus der Gesellschafterversammlung vor und ist vor Empörung fassungs- und sprachlos. Noch am selben Abend telefoniert A mit B und droht ihm, dem B, mit einer Strafanzeige wegen Nötigung für den Fall, dass die gerichtliche Verfügung nicht binnen 24 Stunden zurückgenommen wird. A, der mit der Durchsetzung der gerichtlichen Verfügung „seine Rechte als Gesellschafter auf seiner Seite" sieht, habe mit dem Rauswurf des B aus seinem Büro „im wohlverstandenen Interesse der Gesellschaft" rechtmäßig gehandelt. Nach Beendigung des Telefonats ruft A sogleich Geschäftsführer G an und fordert von G von jetzt ab täglich einen Bericht über „Auffälligkeiten" des B, falls dieser an seinem Arbeitsplatz erscheint und B irgendwelche Anweisungen gegenüber G zum Nachteil des A durchsetzen wolle. B ruft sogleich nach dem Gespräch mit A die Sekretärin S an und berichtet ihr gegenüber von den offenen Drohungen des A. B äußert sich gegenüber S hörbar erregt und ungehalten negativ dahingehend, dass A eine „Schande für Mitarbeiter und die Kunden der Gesellschaft sei". Er, B, trage nunmehr als Gesellschafter die alleinige Verantwortung für „das Wohl und Wehe der Gesellschaft" und fordert die Sekretärin S unmissverständlich auf, noch in derselben Nacht den Schlüsseldienst zu beauftragen und das Schloss zu dem Büro von A auszutauschen. Schließlich habe A „jegliche Rechte als Gesellschafter verwirkt" (*Phase 6: Drohstrategie*).

Der Geschäftsführer G und die Sekretärin S wollen sich nicht länger zum Spielball der Interessen der Gesellschafter A und B instrumentalisieren lassen und beschließen am 29.12.2012 jeder für sich, das Gespräch mit den Gesellschaftern zu suchen.

Vergeblich versucht S in einem Telefonat mit A auf diesen einzuwirken und ihn von den angekündigten Drohungen abzubringen. Auch G bemüht sich vergebens, B von seinem

Ansinnen abzubringen. Unbeeindruckt von den Vermittlungsversuchen der Sekretärin S und des Geschäftsführers G löst A sein Versprechen ein und erstattet noch am 29.12.2012 Anzeige wegen Nötigung gegen B, nachdem er von S erfahren hatte, dass das Schloss zu seinem Büro auf Veranlassung des B ausgetauscht wurde.

B, der von der Strafanzeige erfahren hatte, ist jetzt vollends entschlossen, die Strafanzeige des A nicht auf sich sitzen zu lassen und den davongetragenen Rufschaden als Gesellschafter dem A zu vergelten. Zu diesem Zweck reicht B über seine Anwälte noch am 29.12.2012 eine Schadensersatzklage gegen A wegen sittenwidriger Schädigung ein und erstattet Strafanzeige gegen A wegen Verleumdung und falscher Verdächtigung. Erbost über das rücksichtslose Vorgehen des A erwirkt B rechtzeitig vor der Einberufung der Gesellschafterversammlung am 30.12.2012 nachts um 00:02 Uhr eine einstweilige Verfügung gegen A mit dem Inhalt, dass dem A verboten ist, seine Stimmrechte als Gesellschafter der A&B GbR auf der Gesellschafterversammlung am 30.12.2012 auszuüben. (*Phase 7: Begrenzte Vergeltungsschläge*).

Am Tag der geplanten Gesellschafterversammlung, dem 30.12.2012, erscheint Gesellschafter A pünktlich um 09:00 Uhr mit einem Trupp von Handwerkern. A will mit allen Mitteln seine Stimmrechte auf der Gesellschafterversammlung ausüben und einen Gewinnverwendungsbeschluss gegen den Gesellschafter B herbeiführen. Während die Handwerker eiligst das ausgetauschte Schloss zu dem Büro von A aufbrechen und gleichzeitig das Türschloss zum Büro des B austauschen und dessen Tür komplett vernageln, stellt sich Gesellschafter A demonstrativ vor das Büro des B, um dem ankommenden B den Zugang zu dessen Büro zu verwehren. B, voller Zorn über das widerrechtliche Vorgehen des A, verständigt sofort die Polizei. Als A sieht, dass B die Polizei verständigt um sich Zugang zu seinem Büro zu verschaffen, rastet A wegen der gegen ihn angestrengten Klagewelle des B völlig aus und prügelt vor lauter Wut auf den B ein. Auch dem B ist jetzt alles egal und er schlägt mit seinen Fäusten auf A ein. Nur durch das beherzte Eingreifen der eintreffenden Polizei konnte Schlimmeres verhindert werden (*Phase 9: Gemeinsam in den Abgrund*).

Welche Konflikthandhabungsstile kennen Sie und geben Sie Bedingungen für deren Anwendungen an.

Das zweidimensionale Modell über Konflikthandhabungsstile zeigt unterschiedliche Reaktionsmöglichkeiten auf, um auf eine Situation zu reagieren: Vermeidung, Anpassung, Kompromiss, Machteinsatz und Zusammenarbeit. Sie alle zielen darauf ab, die Situation eines sozialen Konflikts besser einzuschätzen und gleichzeitig die eigenen bzw. fremden Interessen im Umgang mit sozialen Konflikten einzuordnen.

Die Konflikthandhabungsstrategie der „Vermeidung" beschreibt eine Situation, in der der soziale Konflikt nicht gelöst wird, weil die Konfliktsituation etwa durch das Ignorieren von Konflikten nicht verbal ausgetragen wird, sog. „Verlierer-Verlierer-Situation"[3].

„Anpassung" als Konflikthandhabungsstil reflektiert eine Situation, in der die Durchsetzung eigener Interessen beispielsweise durch Nachgeben, Unterordnung oder Harmonie auf der Beziehungsebene zugunsten der Interessen anderer aufgegeben wird, sog. „Verlierer-Gewinner-Situation".

Der „Kompromiss" ist ein Konflikthandhabungsstil, bei der die Parteien durch gegenseitiges Nachgeben oder Verhandeln die jeweiligen Interessen und Bedürfnisse des anderen berücksichtigen, ohne den eigenen Interessenstandpunkt aufzugeben. Die Durchsetzung der ursprünglichen, eigenen Interessen / Präferenzen wird zugunsten eines einvernehmlichen Interessenausgleichs im Wege des Zugeständnisses aufgegeben. Das Gefühl, das eigene bestmögliche Ergebnis zugunsten des gefundenen Kompromisses in den Hintergrund treten zu lassen, wird in Kauf genommen.

„Machteinsatz" wird in einer Situation angewendet, in der die eigenen Ziele und Positionen durch Manipulation, Einsatz von Autorität oder vollendeten Tatsachen gegen die Ziele bzw. Interessen der Gegenpartei durchgesetzt werden, sog. „Gewinner-Verlierer-Strategie". In der „Zusammenarbeit" als Konflikthandhabungsstrategie bringen alle Beteiligten ihre Ziel, Positionen und Interessen ein und erarbeiten gemeinsam einen einvernehmlichen Interessenausgleich, der die wechselseitigen Bedürfnisse der Parteien angemessen berücksichtigt.

---

[3] Zu den einzelnen Konflikthandhabungsstrategien: *Bloch*, Skript Modul II, Entstehung u. Ablauf von Konflikten, Aufl. 1/2012, S. 18 und 19 unter Hinweis auf Thomas, in: *Haft/Schlieffen (Hrsg.)*, Handbuch Mediation, 2. Aufl. München (u.a.) 2009, S. 1226 ff.

Erinnere Dich an ein Ereignis / eine Begebenheit in der letzten Zeit, das / die Dir ein angenehmes Gefühl gemacht hat. Beschreibe möglichst genau, was passiert ist, ohne Bewertungen, Interpretationen oder Analysen. Welches Gefühl genau hat dieses Ereignis ausgelöst, diese Begebenheit in Dir ausgelöst? Und warum, welches Bedürfnis, ist erfüllt worden? Worum möchtest Du gern bitten?

Ich erinnere mich kürzlich an die Reise zum „Advent in den Höfen" nach Quedlinburg Anfang Dezember des Jahres 2012. Meine damalige Freundin hatte mir die Fahrt mit dem Zug inklusive Übernachtung in einer kleinen Ferienwohnung geschenkt. Diese Begebenheit löste in mir (Vor-)Freude aus. Die Vorfreude als angenehmes Gefühl bestand für mich darin, dass ich zwar wusste, dass es nach Quedlinburg geht, aber nicht wusste, was wir dort unternehmen werden. Auslöser für das Gefühl war, dass meine Freundin an einem Abend Ende November zu mir sagte, dass es an der Zeit sei, dass ich mal wieder raus und unter die Leute müsse und sie mir mit einer Reise nach Quedlinburg gerne eine Freude machen möchte.

Ich selbst wusste zu diesem Zeitpunkt nichts davon, dass sie bereits Fahrtkarten für den Zug gekauft, geschweige in welche Ferienwohnung sie uns eingemietet hatte.

All das hatte sie - von mir völlig unbemerkt geblieben - bereits an Tag der Ankündigung der Reise fix und fertig organisiert. Die eigentliche Vorfreude, die in mir so richtig aufkam, war das gemeinsame Packen der Reisetaschen, die innere Aufregung, auf das was kommen würde, und nicht zuletzt die neuen Eindrücke einer Stadt, die ich weder kannte noch als Ziel für eine Kurzreise ernstlich in Betracht gezogen hatte.

Am Tag der Abreise, der Ankunft in Quedlinburg und erst der gemeinsame, abendliche Spaziergang durch die hell erleuchtete Altstadt mit ihren restaurierten und prächtigen Fachwerkhäusern, die teilweise mit kleinen und großen Laternen, Girlanden, Tannenzweigen und bunten Kugeln geschmückt waren, löste in mir das angenehme Gefühl der Freude aus.

Das Bedürfnis, das sich mit der Kurzreise erfüllt hatte, war der unausgesprochene Wunsch nach gemeinsamen Erlebnissen und Zusammengehörigkeit mit meiner Freundin, die wir arbeitsbedingt im Alltag weniger miteinander teilen können.

Erst durch die Ortsveränderung, die ich mit einer solchen Kurzreise mit ihr verbinde, erfuhr ich mit ihr gemeinsam neue Eindrücke und spürte diese innere Verbundenheit bei den gemeinsamen Spaziergängen und Ausflügen mit ihr.

Ich bin dankbar und wünsche mir, dass das gemeinsame Verreisen mit meiner Freundin uns auch in Zukunft die kleinen und großen (Vor-)Freuden beschert, um aus dem Alltag hin und wieder auszubrechen.

Erinnere Dich an ein Ereignis / eine Begebenheit in der letzten Zeit, das / die Dir ein unangenehmes Gefühl gemacht hat. Beschreibe möglichst genau, was passiert ist, ohne Bewertungen, Interpretationen oder Analysen. Welches Gefühl genau hat dieses Ereignis ausgelöst, diese Begebenheit in Dir ausgelöst? Und warum, welches Bedürfnis, ist unerfüllt geblieben? Worum möchtest Du gern bitten?

An einem Sonntag im Dezember habe ich in meiner Wohnung im Wohnzimmer am frühen Abend gegen 17 Uhr festgestellt, dass an der oberen Ecke links neben dem Fenster Feuchtigkeit aufgetreten ist. Den ganzen Tag über gab es heftigen Schneeregen mit leichten Windböen.

Da die Heizung auf Stufe 3 aufgedreht war, herrschten angenehme Temperaturen im Raum. Die Feuchtigkeit verteilte sich auf einer Länge von etwa 1 Meter von der linken Ecke bis zur linken Seite oberhalb des Fensters an der Decke. Entlang der oberen linken Ecke rannen senkrecht kleine perlende Wassertropfen herunter und hinterließen Bahnen von etwa 1,5 Metern Länge. Mit der Hand spürte ich, dass die Feuchtigkeit frisch sein musste; sie fühlte sich kalt und nass an. Bei näherer Betrachtung sah ich, dass einige der Wassertropfen eine leicht bräunliche Verfärbung hatten, die rostbraune Spuren an der Wand hinterließen.

Beim anschließenden Blick nach draußen beobachtete ich heftig pfeifenden Wind und Schneeregen, der gegen das Fenster im Wohnzimmer prasselte. Der heftige Regen war Auslöser für die auftretende Feuchtigkeit im Wohnzimmer.

Beim Anblick der Wassertropfen überkam mich ein starkes Gefühl von Unsicherheit, Hilflosigkeit und Ärger.

Unsicherheit deshalb, weil ich zwar wusste, dass der heftige Regen Auslöser für die Feuchtigkeit im Wohnzimmer war, ich mir aber nicht erklären konnte, wie das Regenwasser von außen nach innen eindringen konnte. Bei der leicht bräunlichen Verfärbung der Regentropfen hatte ich lediglich die Vermutung, dass das aus rot-braunen Ziegeln bestehende Dach an einer bestimmten Stelle undicht sein musste.

Hilflos fühlte ich mich deshalb, weil ich beim Anblick der feuchten Wand im Wohnzimmer nicht in der Lage war, die auftretende Nässe in diesem Moment aufzuhalten oder gar zu stoppen. Und auch Ärger machte sich in mir breit, weil ich mich in diesem Moment an ein Gespräch anlässlich der Wohnungsbesichtigung mit dem älteren Vermieter-Ehepaar im August zurückerinnerte.

Auf die Frage damals, ob Schimmel und Feuchtigkeit in der Vergangenheit ein Problem in der Wohnung war, antwortete der Ehemann der Vermieterin, dass Schimmel noch nie in der Wohnung aufgetreten ist und dass Feuchtigkeit und Schimmel in der Wohnung im Übrigen immer das Verschulden der Mieter seien. Diese Aussage stimmte mich schon damals im August nachdenklich und erst recht überkam mich eben dieser Ärger an jenem Sonntag, als plötzlich diese Feuchtigkeit im Wohnzimmer zu sehen war und nun doch ein (noch ungelöstes) Thema ist, was uns und das Vermieter-Ehepaar wohl noch längere Zeit beschäftigen wird.

Die Frage, welches Bedürfnis in dieser konkreten Situation unerfüllt geblieben ist, lässt sich nicht einfach beantworten. Ich vermute, dass mein Bedürfnis um eine tiefer gehende Aussprache mit den Vermietern bzw. in meinen Gefühlen (Unsicherheit, Hilflosigkeit, Ärger) richtig verstanden worden zu sein, was das Thema Feuchtigkeit / Schimmel betrifft, zu kurz gekommen ist. Wir haben die Feuchtigkeit im Wohnzimmer am darauf folgenden Montag den Vermietern schriftlich angezeigt und dies mit der Bitte nach Abhilfe mit Frist bis Ende Dezember versehen.

Bei der nachfolgenden Besichtigung der Feuchtigkeit im Wohnzimmer mit dem Ehemann der Vermieterin, wurde deutlich, dass er meine Bedenken / Gefühle (Unsicherheit, Ärger) nicht wirklich verstanden hat. In der vergangenen Woche habe ich dann noch einmal das Gespräch mit ihm gesucht.

In diesem Gespräch teilte er mir mit, dass er ein Interesse daran hat, die Feuchtigkeit durch die Dämmung der Außen- bzw. Innenwand zu beseitigen, was wegen der kalten Jahreszeit erst im März / April kommenden Jahres erfolgen soll.

Mein tiefergehendes Bedürfnis, sich in einem neuen Zuhause (ohne auftretende Feuchtigkeit) sicher, geborgen und damit wohl zu fühlen, ist bislang unerfüllt geblieben. Zum einen weil das Vermieter-Ehepaar mir in dieser Situation nicht ihre Interessen / Bedürfnisse an der sofortigen Beseitigung der Feuchtigkeit offengelegt haben. Zum anderen, weil ich durch die Aussprache mit dem Ehemann der Vermieterin nur seine Position und Interessen, nicht aber die seiner Ehefrau kenne. Deshalb bitte ich darum, dass die Vermieterin mit uns das Gespräch sucht, uns ihre Interessen und Bedürfnisse mitteilt, damit wir gemeinsam mit der Vermieterin eine bessere Lösung finden.

BEI GRIN MACHT SICH IHR WISSEN BEZAHLT

- Wir veröffentlichen Ihre Hausarbeit, Bachelor- und Masterarbeit

- Ihr eigenes eBook und Buch - weltweit in allen wichtigen Shops

- Verdienen Sie an jedem Verkauf

Jetzt bei www.GRIN.com hochladen und kostenlos publizieren